Kiss, Uma porta para o céu
Copyright by Lauro Trevisan
Lançamento 2013
Capa: Andrey Lamberty

T814p Trevisan, Lauro
Uma porta para o céu : a tragédia da boate Kiss de Santa Maria e os 241 jovens sacrificados / Lauro Trevisan. – Santa Maria : Editora da Mente, 2013.
80 p.

ISBN 978-85-7151-073-9

1. Espiritualidade 2. Tragédia – Santa Maria 3. Autoajuda I. título

CDU 159.962.7

Ficha catalográfica elaborada por Cristiane Silva Teixeira – CRB10-1501

Editora da mente

Editora e Distribuidora da Mente
Caixa Postal 559 – CEP: 97015-663
Santa Maria, RS, Brasil
Fone: (0xx55) 3223.0202 / Fax: (0xx55) 3221.7184
E-mail: mente@editoradamente.com.br
Autor: laurotr@uol.com.br
Site:www.editoradamente.com.br

Lauro Trevisan

Kiss
Uma porta para o céu

3ª edição

Santa Maria-RS

Editora da mente

2013

I

Não, não quero chorar. Segure minhas lágrimas. Não quero que você navegue no meu mar revolto. Quero apenas que meu coração seja um singelo memorial, com a capelinha da Pietá cheia de jovens sem sapato, sandálias rasgadas, blusa no rosto, celular caído, mas todos cantando, se abraçando e se divertindo.

Continuo visitando meu memorial imaginário e vejo um monumento em que uma revoada de anjos conduzem 241 meninos e meninas para continuarem a festa na boate eterna do Pai Celestial. Eles, os anjos, celebram a viagem com a tristeza de quem desgarra o cordeiro e com a alegria de quem aprecia a nova convivência com seres que sabem ser sérios e estudiosos quando assim demandados e alegres e festivos na hora de se divertirem.

E no meu memorial visionário eu vejo uma

porta. Uma porta fechada, multidões querendo passar, querendo ar, querendo vida, e, de repente, um ser de luz abrindo a porta, abrindo mais e mais, então outros seres iluminados, amorosos, foram chegando com gestos de afago e abraçando cada jovem para o aconchego de um voo inesquecível até a outra porta, a porta do céu. E o encantamento inundou de felicidade aquela gente, que se abraçava como quem chega de longa viagem fantástica. Todos se conheciam, todos se amavam, todos glorificavam a aventura. Então, o gaiteiro puxou a acordeona, abriu os acordes de Querência Amada e a festa continuou, com a cumplicidade dos anjos e a complacência benevolente de Deus, que acompanhava o ritmo gaúcho com seu dedilhar compassado.

Uma porta para o céu

Uma porta para o céu. Não há olhos humanos que vislumbrem tantas maravilhas.

Uma porta para o céu. O começo do êxtase e do encantamento.

Uma porta para o céu. O amor sem limites em dimensões inimagináveis.

Uma porta para o céu. O frenesi da felicidade.

Uma jovem pegou o celular para ligar aos familiares e explicar que estava ótima.

- Não adianta – disse-lhe o anjo Gabriel. – Eles não vão entender e nem acreditar. Mandaremos mensagens mentais, que estas chegarão ao coração dos entes queridos e eles sentirão a brisa refrescante da paz e do conforto.

****

Os que ficaram

Do lado de lá, tudo bem. Mas, do lado de cá? Aqui o mundo é diferente, os conceitos são outros, os sentimentos sangram, as separações estraçalham os corações, a saudade demora a ceder.

Aos que ficaram, aos que não conseguiram segurar a vida dos seus filhos queridos no esplendor dos seus sonhos e de suas filhas amadas exuberantes de juventude, só lhes restou um olhar terno de despedida e dobrar-se no vazio do coração saudoso.

E, nesse transe, a pergunta que não quer calar:

- Por quê?

Por quê?

Sim, a alma sofrida ainda está se interrogando:

Por quê?

E o grito continua carregado pelo vento frio da distância:

Por quê?

Quem terá a resposta? De onde virá a resposta? Só o eco responde? Afinal, esses jovens estavam traçando os rumos da sua vida, recém abrindo as páginas dos seus ideais. Pensavam medicina, sonhavam afazeres de campo, imaginavam lances industriais, tribunas em defesa de causas humanas. E ensaiavam amores sob os eflúvios encantados do coração. Namoravam a vida e as pessoas. E queriam se divertir, dançar, beber a cervejinha enloirecida coroada de alva espuma.

Mas, por quê?

- Deus, se a vida te pertence, desce e conta por quê. Foste tu? Se foste tu, que desígnio este de recolher jovens de Santa Maria, São Sepé, Itaara, Júlio de Castilhos, Ijuí, Cruz Alta, Assunção do Paraguai, Rio de Janeiro, e tantos outros lugares perdidos no mapa? Por que justamente esses 241? Não podia ser um ou outro daqui e dali, menos desejoso de viver? Não podias ter apontado para uma boate da Cochinchina? Não, teu dedo de vida e morte apontou precisamente Santa Maria, rua dos Andradas, 1925, bem no meio da ladeira, naquela casa com painel cor-de-rosa-choque assinalando Kiss, exatamente na fatídica madrugada de 27 de janeiro de 2013. Não podia ser outro dia, outra hora, a boate vazia? Talvez apenas um susto? Um minúsculo incêndio apagado por extintor em condições? Por que deixaste fazerem um teto de espuma venenosa? Por que permitiste aquele rapaz soltar um sinalizador contra um teto rebaixado, sem haver sequer um balde de água para estancar o início de incêndio? Não sabias que aquele moço da banda apenas queria encantar e divertir a moçada?

Outra coisa, que quero te dizer, Deus:

Aquelas mil e tantas pessoas não tinham nada a ver com a causa da tragédia, apenas queriam se divertir! Por favor, não queiras levar a sério os fundamentalistas que falam em antro de perdição. Basta olhares a ficha dessa gente que se arroga em ser martelo da humanidade e verás mazelas que poderiam sinalizar outro tipo de fogo no próprio coração. Mas, Deus, suspendo esse raciocínio porque, com certeza, já não existe mais essa categoria de religiosos que poluíram a Idade Média.

Então, por quê?

Deus, não me leves a mal, mas houve gente com o coração em pedaços que te chamou de cruel. Sim, de cruel. Afinal, a quem é que haveriam de reclamar? A ti que, segundo eles, és detentor do poder de vida e morte. Na crueza da dor, muitos pais supõem que tu assistias impassível aquela juventude caindo e caindo e caindo aos atropelos, na ânsia de encontrar a porta da salvação, e nada fazias. Podias dobrar o teto para que o ar puro animasse os caídos. Ou então emitir um rápido soprão para apagar o fogo no seu nascedouro. Assim, não terias que te haver com aqueles pais que perderam os filhos que amavam tanto, esperavam tanto, e tu os levaste para uma viagem sem retorno. E aquela filha tão cheia de vida, alegria dos familiares, linda por dentro e por fora, lá estava ela alinhada entre os corpos inanimados?! E aquele filho único, estudioso e trabalhador como ele só, que frequentava as aulas de dia e à noite fazia extras na boate para sustentar a família?! E aquele casal, que uma semana antes perdera um filho em acidente de carro e na noite de 27 chorava a perda dos outros três filhos?!

Sim, por quê?

Outra coisa, Deus, difícil de entender: Por que foram ceifados pela morte, sem dó nem piedade, aqueles que se dedicaram, num imenso gesto heroico de solidariedade, a salvar outras pessoas, até mesmo desconhecidas?!

Por que nem esses foram poupados?

Por quê?

Ainda agora, muitos longos dias passados, tantas e tantas pessoas perambulam pelas ruas da vida sufocadas pela fumaça tóxica da tristeza e da depressão.

E não param de dizer:

Por quê?

A busca

Só existem duas considerações a respeito de Deus: ou ele não existe, ou, por ser Deus, é necessariamente amoroso, justo e condescendente.

Nem eu, nem você que está lendo, nem ninguém, têm a miopia de não admitir a existência de Deus. O próprio universo o comprova. Declarar a inexistência de Deus é como jogar bilhões de letras ao ar e acreditar que possam cair em forma de enciclopédia. O próprio ser humano, esse indescritível universo vivo, é prova de que existe um Criador. O filósofo grego Sófocles já dizia: "De todas as maravilhas do mundo, o homem é a maior".

Só resta encontrar forças para aceitar que Deus é amoroso, justo e condescendente.

Sei que você, que está sofrendo a perda prematura de um ente querido, não consegue entender como pode um Ser amoroso, justo e condescendente tirar uma vida tão preciosa.

E se questiona: Pode ser amoroso quem bate à porta

de uma boate às duas horas da madrugada, durante uma festa, usa o gás venenoso das câmaras nazistas e arranca a vida de 241 pessoas que se divertiam? Será condescendente quem pune com a morte indesejada 241 jovens, cada um com histórias diferentes, méritos diferentes, projetos inacabados, sonhos grandiosos? Será justo quem não tira a vida de quem promove a tragédia e a arranca apenas de quem desfrutava a noite festiva?

Dizem por aí que o filho de Deus, de nome Jesus, é compassivo e misericordioso. Mas, alguns pais desolados querem saber onde estava ele naquela malfadada noite de 27 de janeiro de 2013? E na noite da boate de Buenos Aires? E na noite do naufrágio do Titanic? E na noite do avião da Tam? E na manhã das torres gêmeas?

Por mais que busque explicação convincente, você se perde nos labirintos do inalcançável e do incompreensível.

Será que esse por quê tem resposta? Tem que ter. Há de ter.

O dia seguinte

Na manhã do dia 28, me dirigi ao ginásio de esportes, onde havia ainda vários corpos sendo velados, para orar e me solidarizar com familiares. Uma senhora se aproximou de mim e contou que aí estava seu filho único, sem vida. Era um filho especial, que trabalhava de dia e fazia extras à noite, na Kiss. Lembrei da passagem do evangelho em que Jesus chegava a uma cidadezinha chamada Naim, viu passar o enterro do filho único de uma viúva, ficou com pena, ressuscitou o jovem e o entregou à mãe. Compaixão. Quando da morte de seu grande amigo Lázaro, Jesus chorou. Orou sobre sua sepultura e o fez ressurgir. Compaixão. E aquela vez em que o Nazareno fora conduzido a uma casa onde os pais choravam diante do corpo de uma menina, uma linda menina, uma flor de criaturinha, e ficou tão penalizado que se aproximou do féretro e ordenou à garota: "Talita cumi! que quer dizer: Menina, eu te ordeno, levanta-te!" E a alegria voltou àquela casa.

Mas, na noite da Kiss, onde estava o Rabi da Galileia? Por que Jesus não apareceu no ginásio Farrezão, para devolver a vida e a felicidade a tantas famílias desventuradas?

Você, que está lendo aqui, e que nem de longe tem a ver com a tragédia, talvez esteja inquieto diante de tanto questionamento e resistência à resignação e ao destino. Provavelmente esteja mandando aceitar o imutável. Diga-me: Como posso digitar essas páginas alheio à dor e aos brados que clamam aos céus?! A bíblia, em Romanos 12, desejou: "Alegrai-vos com os que se alegram; e chorai com os que choram". Permita-me agora chorar com os que choram.

Filhos de quem?

Quando meu pai passou mal, anos atrás, foi conduzido ao Hospital de Caridade, de Santa Maria, e acabou morrendo poucos minutos depois. Fui incumbido de transmitir a notícia à minha mãe. Fiquei aflito sobre como ela receberia a infausta notícia. Afinal, era a dolorosa separação de mais de cinquenta anos de união e convivência. Minha mãe baixou a cabeça e disse baixinho: "Seja feita a vontade de Deus!" A sua religiosidade por certo suavizou o impacto doloroso. Há, no entanto, pessoas frágeis psicologicamente e sumamente apegadas aos filhos, filhos na flor da idade, filhos amorosos e promissores, filhos alegres e brincalhões, filhas carinhosas, filhas agradáveis e participativas da vida familiar, filhas que mereceram todos os sacrifícios para a formação universitária. Esses pais, irmãos, avós, maridos, esposas, que carregam o coração à flor da pele, como não desandariam diante de tão supremo sacrifício?

Há pais fortes, bem formados, que até chegam a

uma sublimação espiritual a ponto de entregar o filho a Deus. Como uma mãe que perdeu seu filho único, mas compreendeu: “Deus me deu, Deus me tirou. Sofro, mas sei que pertencia a ele!”.

Um dia, tentei consolar uma mãe inconsolável. Disse-lhe que um filho é como um colar precioso emprestado graciosamente, porém com a condição de que poderia ser tomado de volta quando o dono o desejasse. A mulher usava o colar lindo e valioso com muito orgulho e alegria, só que um dia teve que devolver. E o fez, porque o colar não lhe pertencia. Sentiu muito, mas era justa a devolução.

Seu filho lhe pertence? É você proprietário dele? Dono absoluto?

Não. Não é proprietário. Se o fosse, poderia ficar sempre com ele. Não é assim que funciona. Alguns pais não queriam que os filhos fossem à boate naquela noite e eles foram. Nem todos foram, é verdade, alguns seguiram o conselho.

A muitos jovens os pais sequer objetaram, pois já tinham idade de autodecisão.

Houve também as filhas cujos pais não sabiam que tinham ido àquela balada.

Mas, eu queria dialogar com você sobre essa questão: Há casais que querem ter filhos e não conseguem e outros casais que não querem filho e este acontece. Não há outra fonte de vida, que não os pais? Não seriam os pais apenas intermediários? Mas, intermediários de quem? Só pode ser de Deus, autor da vida. Leon Tolstoi, famoso escritor russo, termina seu livro Guerra e Paz, com esta frase: "A vida é Deus e amar a vida é amar a Deus". A vida humana é corolário da vida divina. A Vida humana é o espírito e o espírito é lampejo de Deus. Um dos mais iluminados consolos é saber que o ser humano, pelo espírito, é imortal. Se é imortal, não morre. Sua presença nesse planeta é uma passagem. Não há aqui uma vida que se consome, é uma passagem. Uma linda temporada. Deus usou engenho e arte para criar esse paraíso terrestre porque queria dar como morada provisória a seus filhos uma casa linda, florida, encantadora, onde o ser humano pudesse celebrar a convivência com pássaros multicoloridos, animais variados, plantas, flores, lagos, oceanos, praias, montanhas, estrelas, céu azul, tantas maravilhas. E Deus fez a criatura humana à sua imagem e semelhança, com sabedoria para criar e discernir, liberdade para escolher, poder para realizar, e felicidade como estado de ser. E num lance de genialidade criou o amor e o colocou no coração de cada ser humano. E todos começaram a amar, a fraternizar, a solidarizar, a beijar, a abraçar, a fundir corações e corpos no amor. E esse amálgama divino tornou-se vida e a vida se fez gente, novos filhos de Deus. Acredita você que somos filhos de Deus? Concorda que isso seja verdade?

Não será por essa razão que se costuma dizer que cada dia é um presente de Deus a ser desfrutado? Que sabemos o dia e a hora do nosso nascimento, mas não sabemos quando partimos? Que o futuro a Deus pertence? Que a vida é curta e precisa ser aproveitada?

Se a vida pertencesse aos pais, é evidente que fariam de tudo para impedir que o filho fosse à Kiss naquela noite. E se pertencesse aos jovens, logicamente fariam outro programa naquele 27 de janeiro, ou então se salvariam ao invés de serem tragados pela tragédia.

Li, certa vez, o best-seller *O Profeta,* do místico libanês Gibran Khalil Gibran. Anotei esse texto, que considero apropriado para este momento:

"Os Filhos

Uma mulher que carregava o filho nos braços disse:
"Fala-nos dos filhos."
E ele falou:
"Vossos filhos não são vossos filhos.
São os filhos e as filhas da ânsia da vida por si mesma.
Vêm através de vós, mas não de vós.
E embora vivam convosco, não vos pertencem.
Podeis outorgar-lhes vosso amor, mas não vossos pensamentos,
Porque eles têm seus próprios pensamentos.
Podeis abrigar seus corpos, mas não suas almas;
Pois suas almas moram na mansão do amanhã,
Que vós não podeis visitar nem mesmo em sonho.
Podeis esforçar-vos por ser como eles, mas não procureis fazê-los como vós,
Porque a vida não anda para trás e não se demora com os dias passados.
Vós sois os arcos dos quais vossos filhos são arremessados

como flechas vivas.
O arqueiro mira o alvo na senda do infinito e vos estica com toda a sua força
Para que suas flechas se projetem, rápidas e para longe.
Que vosso encurvamento na mão do arqueiro seja vossa alegria:
Pois assim como ele ama a flecha que voa,
Ama também o arco que permanece estável".

Gibran Khalil Gibran

E a liberdade?

Aqui desponta um detalhe que não pode passar em branco: a liberdade.

Entre todos os dons que Deus concedeu aos seres de sua espécie, consta a liberdade. Esse dom inigualável virou a história de pernas para o ar. O homem se tornou senhor de si mesmo. Ele autoapossou-se. Por essa incrível concessão, Deus restringiu seu poder sobre o indivíduo. Tornou-se apenas Resposta. Atendimento.

"E tu, quando orares, entra no teu secreto e ora a teu Pai que está no secreto e teu Pai que vê às ocultas, te ouve e te atende".

Ouve e atende. É a resposta. "Pedi e recebereis". A palavra é sua, a resposta é dele. Assim sendo, não cabia a Deus tolher a existência da boate e nem que as pessoas para lá se dirigissem naquela noite. Ele deu a vida, mas não era de sua competência evitar que aquele casal de jovens, que deixaram de ir à boate, morressem acidentados na viagem a Santa Catarina no dia seguinte. Deus dá a vida, mas o dom extraordinário da liberdade não impede que tanta gente no mundo se drogue e morra nessa desgraça. Não é o caso da Kiss.

No salmo 90, disse Deus:

"Ao invocar-me, eu ouvirei e atenderei".

Na missa de sétimo dia, celebrada no Santuário Basílica de Nossa Senhora Medianeira, de Santa Maria, transmitida por várias redes de televisão, o bispo celebrante, lá pelas tantas do seu sermão, disse:

"Jovem, cuide-se. Cuide-se. Cuidem-se uns aos outros. Cuidem-se!"

Eis aí um conselho importante a você que desfruta essa quadra exuberante da vida:

- Cuide-se. A vida é de sua responsabilidade. Use a inteligência e o discernimento que Deus lhe deu para avaliar o que é bom, o que é prejudicial e o que é perigoso. Tenha juízo. Veja os exemplos que acontecem por aí com jovens aventureiros que se metem em rachas, dirigem embriagados, não respeitam sinais de trânsito, são facilitões e metidos a valentes e gladiadores. Esses, hoje ou amanhã, pela lei das probabilidades, partirão antes do tempo. Claro que essas palavras não têm a ver com a tragédia da Kiss. Falo genericamente.

- Mas – volta você ao assunto que lhe interessa – por que Deus permitiu essa tragédia?

- Simplesmente porque não pode pegar ninguém pelo pescoço e impedir que seja montada essa empresa nesse lugar com esse material e nem é de sua atribuição bloquear a presença de alguém na festa. Não pode, porque concedeu o privilégio da liberdade. Acabei de escrever sobre isso. Também não lhe cabe avisar pessoalmente a cada um sobre a tragédia que se abateria sobre a casa noturna, uma vez que substituiu sua presença pela Sabedoria e Poder concedidos a cada a ser humano.

Deus onde estás?

Num dos programas semanais que apresento na Rede Vida de Televisão, fiz este grito das almas afogadas pela dor da perda de entes amados na tragédia da boate Kiss:

- Deus, onde estás? Por que não ouves o clamor das montanhas de São Martinho que apontam para os céus de Santa Maria?

E Deus abre os braços e diz:

- Eu estou aqui, de braços abertos, para acolher seus familiares que já chegaram à minha morada e de ouvidos atentos a você para ouvir seu grito de socorro, para enxugar suas lágrimas, para lhe devolver a alegria de viver. Mas, lembre-se que eu sou a resposta. Se você não me chamar, como posso me antecipar? Minha resposta - note bem, resposta - é chegar de imediato ao seu coração suplicante. Você sabe que tem gente que não quer a minha presença, então como posso bater à porta dessas pessoas sem ferir a liberdade? Chamou por mim? Que bom! Sou seu Pai, estou sempre de braços abertos, ouvirei seu brado e derramarei o bálsamo do conforto no seu coração. E tudo não será como antes, será melhor. Dou minha palavra. Confie em mim.

E você?

Se o tamanho da vida humana é mistério, já que não se sabe o dia e nem a hora, não é mistério admitir que pertence a cada um proteger, fortalecer, animar e valorizar a própria existência. A responsabilidade é individual.

O que está você fazendo da sua vida?

Sim, você, que está no bojo dessa tragédia, entregou os pontos, e jaz deitado na cama da depressão, sem ânimo para nada? Lembre-se que quem morreu não foi você. Entregar-se é covardia. Ficar dependendo de estimulantes e analgésicos para se aguentar a cada amanhecer não é compatível com a dimensão do seu ser e com sua capacidade de reação. Encolher-se no fundo do poço é péssima solução, desagradável e perniciosa a si, ao seu ente querido que partiu, e a Deus que teve o prazer de fazer você existir.

Todo ser humano, em sua plenitude, é maior do que a dor.

Todo aquele que deseja sair das sombras da morte e

subir às dimensões da alegria de viver, assim conseguirá.

Todo aquele que disser: "Eu estou vivo, reconheço-me dono de mim, responsável por mim, por isso sigo meu caminho com fé e ânimo, porque a vida continua" – esse é um sábio.

****

Um minuto de silêncio e um minuto de barulho

Uma pausa. Nesse momento em que escrevo esta página, Santa Maria e o mundo lembram o trigésimo dia da tragédia. Vinte e sete de fevereiro. No sétimo dia, houve emocionado minuto de silêncio. Agora, trinta dias depois, a comunidade decidiu um minuto de barulho e de alegria, com sinos badalando, buzinas a toda, canções no ar, abraços na praça, palavras carinhosas aos corações partidos, lágrimas compartilhadas, para lembrar as alegrias que aquela juventude celebrava na noite da boate e marcar o reinício da vida.

Ao ver a reportagem da tevê, nesse dia, não pude conter as lágrimas. Quem pode imaginar a dor dos que nunca mais verão aquele familiar, amigo, namorado, namorada, colega, que partiu engolido pela fumaça assassina?!

Santa Maria se esforça para virar a página e recomeçar a vida, mas a dor continua pesada.

Todos pedem a Deus e à humanidade que tragédias assim jamais aconteçam.

Mas, o minuto de barulho quis significar, de modo especial, a saída do luto para o eu-luto.

O minuto de barulho e buzinaços é o grito de libertação trancado na garganta há trinta dias.

O minuto de alegria e abraços solidários não é apenas um ponto final, mas principalmente o parágrafo inicial de um novo texto existencial.

****

Recomeço

Recomeçar é preciso.

Em nome das vítimas, recomeçar é preciso.

Em nome de Santa Maria, recomeçar é preciso.

Em nome do Criador, que nos deixou um legado individual importante, recomeçar é preciso.

Um punhado de sal num copo de água torna a água difícil de engolir. Um punhado de sal numa panela de comida, torna-a agradável ao paladar. Este é o momento de você, que está concentrado no sal da dor, derramá-lo em tudo que o circunda. Essa expansão das lágrimas no seu trabalho, nos seus encontros de amigos, nas suas noites de namoro, nas suas preces silenciosas, nas suas reuniões de igreja, nas suas leituras, nos seus programas de tevê, nas suas caminhadas, nas suas brincadeiras esportivas, nos seus carinhos com os animais, nas suas matérias escolares, tudo isso diluirá o sal e você sentirá novo sabor existencial.

Em nome de si mesmo, recomece a vida. Você merece o sol. Mas é preciso subir além das nuvens. Aqui na planície dos fatos ainda se respira ar pesado. Além das nuvens há ar puro e sol, muito sol.

Tudo passa, a dor também

Tenho ouvido muito por esses dias a declaração de que nunca mais desaparecerá a dor que esmagou o coração dos que sofreram a perda de seus entes amorosos.

Anos atrás, perdi meu pai, minha mãe e meu irmão um ano mais velho. O tempo apagou a dor, diluiu a saudade e hoje sobram apenas belas lembranças. Acredito no ditado que diz: "Tempo é remédio".

Viveu em Roma, lá pelos anos 100 da nossa era, um filósofo chamado Epícteto. Sua sabedoria era tal que muito influenciou o imperador Marco Aurélio, também filósofo conceituado. Marco Aurélio chegou a dizer que um dos fatos mais importantes de sua vida foi o acesso às obras de Epícteto. Pois, este filósofo disse, certa vez:

"Revoltar-se contra os fatos não altera os fatos e ainda traz uma dose de tormento desnecessária".

Dessa sabedoria, despontam algumas conclusões: Por mais razão e indignação que lhe cause a desgraça da Kiss, sua revolta não mudará o fato. O fato já está escrito nas páginas da história. Está gravado no memorial do tempo. Ninguém desfará o tempo.

Se você, no entanto, permanecer fixado no fato, não o mudará, mas mudará a sua vida, viverá desvivendo, porque preso ao inexistente.

O passado é um fantasma. Só se manifesta enquanto se lhe der vida. Ao recriar as imagens do sinistro, seu cérebro reviverá as emoções doloridas, que produzirão estresse, e este fará você descer a ladeira da depressão. Em consequência, seu sistema imunológico desandará. Além disso, a raiva e a revolta afetarão o coração, causando transtornos cardiovasculares.

Só há um caminho: sorrir, mesmo entre lágrimas, e seguir em frente.

Ao invés de exigir sentimentalmente que os acontecimentos trágicos não tenham acontecido, aceite o fato e, a partir deles, comece o melhor de sua vida.

Essa é também uma recomendação sábia do Mestre Jesus.

- Perdoe! – lhe sugere o Nazareno.

Perdoar significa demitir o mal que carrega no coração.

É bom considerar que a atitude de inconformação

e repúdio não faz bem a você e nem ao seu familiar que, feliz onde está, só quer que você continue seu caminho, levantando a bandeira dos seus sonhos maiores.

Quem é você, quem sou eu, quem somos nós para dizer a Deus o que deveria acontecer? Seria confrontar o finito com o Infinito, o humano com o divino, a sabedoria do Criador com a inteligência terrena. Jamais teremos alcance para julgar o Infinito. Nunca conseguiremos ultrapassar nossa fronteira humana.

Justiça e amor

É compreensível que tentemos arremessar dardos contra tudo e contra todos quando somos atacados por uma desgraça que nos consome a alegria de viver e nos arranca um pedaço da alma. E o Pai celestial entenderá a atitude. Pai é pai, tanto aqui como lá em cima. Como Pai de suprema sabedoria, deseja que você perdoe o passado, único caminho para sentir paz. No entanto, se você não aceita inspiração nenhuma, ele condescende, com a paciência de quem sabe que chegará o momento oportuno. Enquanto isto não ocorrer, explodirão gritos de guerra e brados furibundos contra possíveis responsáveis. O Mestre não abona julgamentos impulsivos e emocionais porque têm tudo para se tornarem irracionais e semearem injustiças e crueldades. E não vai trazer ninguém de volta. Nem é de bom senso querer deixar seus falecidos perambulando nesse planeta até que você decida deixá-los em paz e com Deus. Enquanto você os revolve com brados justiceiros, onde estarão eles? É isso que eles querem?

- Mas, não haverá justiça? – clamará você.

- Sim, porém não com ódios, nem vinganças e nem com intenções escusas. De mais a mais, o Legislador Infinito estabeleceu leis universais, que sempre repõem a ordem e a justiça no mundo. Você conhece, por exemplo, a Lei de que cada um colhe o que semeia. Jesus se reportou várias vezes a ela. Com certeza, também, já ouviu falar da Lei do Retorno. Não pense que gritos de ordem de facções mal-intencionadas não incorram na Lei do Retorno. O mundo da Criação é bem mais sábio e justo e perfeito do que você imagina.

Houve vários erros fatais, negligências, busca do lucro fácil, mas ninguém quis matar ninguém. É bom levar isso em consideração.

- Quem for inocente atire a primeira pedra – dirá o Rabi da Galileia.

- Com a medida com que medirdes sereis medidos – completará ele.

A justiça humana fará o seu papel, deve fazer o seu papel, mas você esteja em paz, o coração cheio de amor, pedindo que Deus ilumine sua mente, acalme sua dor, derrame o bálsamo milagroso no seu coração.

Sim, a justiça deve cumprir serenamente a sua missão, até porque uma das mensagens gritantes da tragédia é a responsabilização na medida exata, e enquanto benéfica aos demais irmãos planetários. O que estou dizendo é que seu familiar quer que você esteja em paz, olhando para o alvorecer de um novo sol.

O Além...

Eu me pergunto: Onde estará seu familiar, onde estarão meus familiares, onde estarão todos os seres que passaram dessa dimensão para outra? Com certeza, é uma indagação que, nesses dias, mais do que nunca você estará se colocando.

Que existe outra dimensão da vida é uma verdade interna e intrínseca, inscrita na alma de todos os seres humanos, desde sempre. Toda a História humana carrega a marca dessa intuição. Só o fato de essa crença ter atravessado milênios intata, apesar dos avanços da ciência e das descobertas, já é indicativo convincente da existência de nova vida após esta.

Seria esta existência a antessala da outra? Ou uma escala para medir merecimentos?

Não penso que este planeta seja lugar de expiação ou de provação. Nenhum pai faz isso com seus filhos, muito menos o Pai celestial. Inclusive, nesse caso estaria se testando a si mesmo, já que somos seus filhos. Ele sabe quem somos nós e o que queremos.

Esse planeta é nossa casa comum, um paraíso para ser desfrutado em estado de felicidade. E o Criador nos deu todas as condições para que seja assim. Na verdade, há dois paraísos aqui: o terrestre e o humano.

O paraíso terrestre é de uma beleza incomparável. Onde quer que você viva, basta abrir os olhos para contemplar as flores, as matas, os campos, os lagos, as praias, as areias cálidas, as montanhas fantásticas; a beleza e o encanto das aves; a maravilha dos animais de todos os portes... Quanto fascínio! Agora levante os olhos e verá o céu azul, as nuvens, o sol. Continue olhando e será seduzido pelas noites estreladas, pelo esplendor da galáxia, pela dimensão indescritível das constelações. Olha lá a lua com seu véu etéreo tocando nas águas do mar.

Mas, o segundo paraíso não é menos fabuloso: o ser humano. As dimensões da mente, os arroubos do coração, a capacidade de se emocionar, de se extasiar, de amar sem limites, de sonhar lindos sonhos e torná-los realidade, o dom de gerar novas criaturinhas segundo a própria imagem e semelhança... E o dom de pensar, de cantar, de ouvir e criar sons que explodem emoções deliciosas e liberam hormônios que fazem a festa dentro do organismo... o sabor inenarrável do beijo, não o kiss fatal, mas o beijo da alegria, do encontro, do amor, da amizade. Nem vou continuar porque você já entendeu que a criatura humana é a suprema obra-prima do Criador.

Não sei, no entanto, se você percebeu que esse minúsculo universo humano, em cujo território se faz o seu existir, é uma realidade que lhe compete sentir, conhecer, desvendar, dominar, explorar e desfrutar.

Você, que conseguiu ultrapassar a porta malfadada da Kiss, por certo terá levado um choque existencial. Descobriu que seu sonho de se formar, conseguir diploma e anel de doutorado, expandir-se numa empresa de sucesso, conquistar o mundo com seus conhecimentos profissionais - é muito bom e necessário, mas mais importante é sua vida, habilitar-se para ser feliz na universidade de si mesmo e aproveitar cada minuto para colher amor, sorrisos, bondades, encontros agradáveis, convivências familiares, e amizades que tornam benfazejo seu dia a dia.

Onde fica o Além?

Mas, um dia a gente parte. Para onde? Paulo dá um minúsculo testemunho, escrevendo que foi arrebatado até o terceiro céu. Diz ele: "Se foi no corpo não sei, ou se fora do corpo, também não sei, Deus o sabe".(2Cor,12,2-4).

Há os que falam em sétimo céu. Será que há uma escala de acordo com a performance individual na terra?

Jesus fala assim: "Na casa do meu Pai há muitas moradas".

Uma certeza: os que partiram estão na morada do Pai. Eles estão lá como seres humanos e não como anjos. Mas são seres sem as nossas limitações, sem mudança de idade, sem envelhecimento, sem desarmonias, sem tédios e sem desejos insatisfeitos.

Depois de ressurgir, disse Jesus aos seus discípulos:

"Vejam as minhas mãos e os meus pés. Sou eu mesmo! Toquem-me e vejam; um espírito não tem carne nem ossos, como vocês estão vendo que eu tenho". Lucas 24: 39. Pode-se concluir que lá continuamos gente e não apenas espíritos. Enxergar-nos-emos, nos abraçaremos, nos beijaremos, caminharemos, e faremos tudo que nos faça felizes e tudo que nos apeteça, na mais insofismável liberdade. Com uma vantagem: lá não existe o mal, a dor, a enfermidade, a decepção, a frustração, a chatice, o ódio, o ciúme, a inveja. Nada que possa obscurecer a vida.

Jesus disse – já me reportei a isso – que lá há muitas moradas. Imagine essas moradas, em meio a uma natureza exuberante, encantadora e indescritível. Coloque essas lindas moradas naquele paraíso de delícias antes da queda de Adão e Eva e tudo bem. Um paraíso com muita gente, sem guerras e ódios, dominado pelo espírito de fraternidade universal.

Anote na sua agenda que no céu há abundância conforme os desejos individuais, há muita alegria, música inesquecível, e muito amor nos corações. Haverá sexo por lá? Se você achar bom e tiver vontade, haverá. O céu é imune a qualquer possibilidade de saudade, mal-estar, carência e privação. O que você imaginar de bom e maravilhoso, ser-lhe-á dado. Esqueça essa ideia ingênua de passar o tempo todo vendo anjinhos tocando harpa. Mas, se pensar diferente, sinta-se à vontade. As religiões falam em visão beatífica de Deus. Nem eu nem quem diz isso sabe o que significa. Então, essa comparação deixe-a para as gentes sem imaginação.

Uma coisa é certa: pode haver muitas boates no céu, mas boates kiss nenhuma.

É assim ou não é assim o Além? É muito bom ninguém saber como é, pois cada qual poderá imaginá-lo a seu bel-prazer.

Mas a certeza é aqui

O que lhe compete é aproveitar este lado do céu. Muita gente comete a maldade de ficar suspirando pelo céu de lá, esquecendo que Deus fez também o céu de cá.

Que dizer daqueles que não desfrutam as alegrias deste paraíso terrestre levados pela tosca ideia de que Deus os criou à sua imagem e semelhança e depois, num gesto inescrupuloso de sadismo, exige renúncias, sacrifícios, penitências, clausuras e intermináveis orações?!

Conhece você algum pai na face da terra que sente prazer em torturar seu filho, fazê-lo passar mil e uma dificuldades, doenças, decepções e desencantos?! Muitos acham que Deus é assim. Pode?!

Atreva-se a pensar que sua presença nesse planeta foi planejada com carinho pelo Pai celestial com a intenção de fazê-lo feliz, autorrealizado, amoroso e abençoado de dia e de noite e sempre. Sim, aí onde você mora, no local onde você está, junto das pessoas que quer bem. Se isso ainda não aconteceu, debite à sua ignorância. E aprenda, por favor.

Santa Catarina de Sena, doutora da Igreja, disse, certa vez: "O caminho do céu é o céu". Viva neste céu durante toda a caminhada e pode ter certeza de que, qualquer dia, chegará ao portal do outro céu, como chegaram, há dias, os 241 jovens que não conseguiram transpor a porta da Kiss.

Ainda é possível?

Sei que você parou de ler neste momento, respirou fundo, olhou para aquela fotografia, e murmurou:

"Ainda é possível?"

Garanto que sim. Uma vez, fiz uma crônica com esse título: "Isso também passará". Se você permitir, isso também passará. Se abrir e soltar o seu coração, ele receberá o oxigênio do amor e o mundo brilhará novamente. Se aceitar o bálsamo do Infinito, uma paz nunca imaginada inundará todo seu ser. Se retirar o cadeado da cancela, seu caminho se abrirá e novas realidades benfazejas sucederão para sua agradável surpresa.

Ainda é possível. Mais possível que nunca.

Vamos, levante, vista-se e saia para a vida, que esta o espera de braços abertos.

Não se pergunte como acontecerá essa transmutação. Vai acontecer e pronto. Mas, quer saber mesmo? Quer? Vou contar-lhe o segredo: É seu familiar que está fazendo uma força danada lá em cima para que você levante o astral, receba a luz do Alto e acredite que o bom está à sua espera. Agradeça.

Sete lições e dois olhares para a vida

Primeira lição: a vida é curta

Duzentos e quarenta e um jovens estão lhe avisando que a vida é curta. Assim como foi para eles: dezesseis anos, dezoito, vinte e um, vinte e quatro, tudo por volta disso. A flor recém desabrochava. Dizem-lhe que não é de bom senso perder dias e dias na depressão e no desânimo, porque a vida é breve. Aguce os ouvidos, ouça-os: estão lhe pedindo para não gastar tempo em ralar-se de saudades e encher a sepultura de flores. Preferem que você ofereça essas flores às pessoas que ama e que nunca foram agraciadas com esse mimo. Querem que você vá fazer a vida. Até estão brincando com você: "O que é isso? Quantos beijos e abraços e carinhos você está perdendo nessa situação apagada? Qual é a graça? Acorde!"

Charles Chaplin, famoso ator do passado, um dos pioneiros do cinema, disse, certa vez: "A vida é uma peça de teatro que não permite ensaios. Por isso, cante, chore, dance, ria e viva intensamente, antes que a cortina se feche e a peça termine sem aplausos".

Eu lhe digo: "A vida é um espetáculo real e verdadeiro, que não tem ensaios nem repetição. Você entra no palco e faz. Aproveite, faça o papel dos seus sonhos, ilumine-se, não se esconda na coxia, aceite aplausos e vaias, e continue com entusiasmo, antes que as cortinas se fechem ou surja uma fumaça preta fatal".

Você já ouviu falar da jornalista e escritora Regina Brett, que colabora, ou colaborava, com uma coluna no The Plain Dealer, Cleveland, Ohio? Ao completar noventa anos, para celebrar seu envelhecimento escreveu 45 lições que a vida lhe ensinara. Vou citar aqui apenas algumas:

* Faça as pazes com seu passado, assim ele não atrapalha o presente.

* Livre-se de tudo que não seja útil, bonito ou alegre.

* Enquadre todos os assim chamados "desastres" com estas palavras: 'Em cinco anos, isto importará?'

* O tempo cura quase tudo. Dê tempo ao tempo.

* Saia de casa todos os dias. Os milagres estão esperando em todos os lugares.

* Se todos nós colocássemos nossos problemas em uma pilha e víssemos todos os outros como eles são, nós

pegaríamos nossos mesmos problemas de volta.

* O melhor ainda está por vir.

* Não importa como você se sente, levante-se, vista-se bem e apareça.

* Produza!

* A vida não está amarrada com um laço, mas ainda é um presente.

Segunda: respeito à vida.

A madrugada de vinte e sete de janeiro de 2013 soltou um sinalizador incendiário na consciência da humanidade e o fogo está queimando a exploração humana, o desrespeito pela vida, a ambição deslavada, o desvario pelo dinheiro às custas da saúde e até mesmo da vida humana, o enriquecimento a qualquer preço, o desprezo da dignidade e o desdém da honestidade. Vê-se, por esse mundo de Deus, gente inescrupulosa tripudiando sobre a vida: pílulas de farinha para pessoas com graves problemas de saúde; alimentos falsificados que danificam o organismo; material imprestável com selo de qualidade; mau atendimento a pessoas necessitadas; menosprezo a vidas humanas jogadas em corredores de hospitais; corrupção e expropriação de tanto dinheiro público que poderia resolver a falta de hospitais, escolas e serviços sociais; manipulação de resultados esportivos; assassinatos por um par de tênis...

A fumaça da morte escreveu no céu o anátema

contra a maldade humana.

As vítimas de Santa Maria continuam bradando por respeito ao ser humano.

O horror da tragédia ensinou, de uma vez por todas, que o descaminho nunca leva ao caminho.

Terceira: Deus

As lágrimas fizeram os corações sofredores chegarem a Deus. Ele nunca deixa de ser o primeiro a acudir, abraçar, consolar e aliviar.

Até mesmo a juventude alheia ao mundo espiritual sentiu o clamor da própria alma e está buscando Deus. Eis um dos belos milagres da tragédia. Quando nem os pais, nem a tradição dos antepassados, nem a escola, conseguiram instilar sentimentos religiosos em grande parte da juventude moderna, duzentos e quarenta e um jovens cometem o milagre de conduzir as mentes humanas ao aconchego do Pai Celestial.

E as igrejas passaram a receber tantos garotos e garotas no desabrochar da adolescência, e tantos jovens na flor da idade. Esgueiram-se por entre as colunas do templo buscando luz para suas inquietações, forças para suas vacilações e ânimo para seus ideais. Perceberam que existe cura para esse vazio existencial que os aborrece. E os aborrece tanto que muitos tentam aliviá-lo nas drogas, na bebida, ou nas aventuras perigosas. Agora estão sentindo uma outra voz íntima que os conduz às igrejas, na expectativa de ouvir uma palavra de alento e um sentido para a vida. Esperam a força da fé e do entusiasmo. Querem acreditar que aí vão encontrar alegria e felicidade. E abraços de gente simples e sincera. Entram querendo falar com Deus. Com certeza, encontrarão Deus. Basta falar com ele. Não estou querendo que peguem os livros de reza e declamem o que foi escrito por outros. Seria ridículo você chegar à sua namorada, ou ao seu namorado, e fazer-lhe uma declaração de amor declamando-lhe, em uníssono com outras vozes, um texto escrito por alguém. Fale com Deus. Você pessoalmente. Indivíduo. Falar com Deus é pensar. Esqueceu de pensar? Precisa pensar pelo pensamento dos outros?

Se quiser, sente na penumbra de um banco da igreja, ou na sombra de uma árvore agradável, ou na lareira do seu coração, e fale com Deus. Assim como você fala com um pai de verdade. Depois, escute-o. Será que lhe disseram que Deus ouve você e responde à sua prece? Não duvide. Só que ele fala baixinho aí no seu coração. Para ouvi-lo, precisa "entrar no seu secreto e ouvir o Pai que está no secreto" – como avisou Jesus.

Pode ser que você deseje também estar com outras pessoas na igreja, celebrar a convivência religiosa com os demais, sentir a energia espiritual que inunda o templo repleto de fieis, imaginar o Cristo no tabernáculo, ouvir o celebrante – isso é muito bom. Nessas ocasiões, você rompe a sua própria solidão, compartilha seus sentimentos, abre-se para outros acolhimentos amorosos.

Que os líderes religiosos saibam auscultar o coração dos jovens e saibam acolher as ovelhas desgarradas!

Que não continuem a despejar pregações obscurantistas, eivadas de fogo do inferno, pecados e culpas e diabos!

Que falem de amor, de paz, de alegria, de entusiasmo, de perspectivas de um mundo melhor!

Que ponham músicas e canções nos corações!

Que ensinem a devotar-se ao maior herói que pisou este planeta, aquele que veio abrir as portas de um reino de amor nesse minúsculo e frágil pedaço do universo!

Que mostrem Jesus, o bom, o mestre, o misericordioso, o taumaturgo, o compassivo, o curador, aquele que arrastava multidões através do fascínio de sua personalidade.

E que não façam proselitismo! Deus não é

propriedade de ninguém. E não explorem a dor e nem a fraqueza.

Conversar com Deus, sem pressa e sem ceticismo, que coisa boa!

Conversar com Deus e contar-lhe o que se passa no coração, que maravilha!

Conversar com Deus e pedir-lhe o que fazer nos desentendimentos e tropeços da vida, como faz bem à alma!

Conversar com Deus e perguntar-lhe o que fazer com aquele namorado que não fecha com seus sentimentos, não comunga de suas crenças, não respeita seus valores, é muito legal, porque, sem dúvida, desse diálogo haverá uma resposta, que você saberá através dos acontecimentos.

Mesmo que você não tenha nenhum pendor para qualquer crença religiosa, fique com Deus. Esse não falha. Esse é seu amigo do peito. Mais do que isso, esse sim é seu Pai.

Quarta: reconcilie-se

Uma das mais misteriosas lições da boate Kiss é mostrar-lhe que não é bom esperar por alguma ocasião especial para dizer: "Eu te amo!"

Aqueles jovens, que perderam a vida em poucos minutos na tragédia da Kiss, nunca mais poderão ouvir de você aquela palavra de desculpas pela briga, pela ofensa intempestiva, por aquele momento de raiva descontrolada, pelo tratamento frio sobre quem machucou sua imagem.

Lembro aqui um texto que colhi na internet, atribuído ao escritor e poeta argentino Jorge Luiz Borges: "Com o tempo, aprenderás que tentar perdoar ou pedir perdão, dizer que amas, dizer que tens saudade, dizer que necessitas, dizer que queres ser amigo, diante de uma sepultura, já não tem nenhum sentido".

Mas, é bom você acreditar que seu familiar falecido possa ouvir seu pedido de perdão, embora esteja em outra dimensão. Se ele não ouvir, pelo menos você está perdoado, já que o seu pensamento e a sua crença fazem a sua verdade. E a sua verdade é aceita por Deus.

Agora olhe a seu redor e perscrute as pessoas que esperam seu pedido de desculpas. Talvez seu pai, quando você o xingou por não lhe ceder dinheiro para uma balada; quem sabe, sua mãe que acatou a decisão de seu pai e você a chamou de tudo, menos de santa. Pode ser que esteja brigado com algum irmão ou irmã por qualquer motivo. Será que você já esqueceu a crítica acerba de seu colega, que já nem se lembra do que disse naquele momento impulsivo?

Neste momento em que seu coração está aberto aos melhores sentimentos, aproveite para tornar mais iluminada a sua vida. Faça um pente fino nas suas queixas, arbitrariedades, prejuízos infringidos, críticas injustas, prepotências. Olhe para aquelas vidas ceifadas na flor da idade e limpe seu coração. Sentirá uma alegria e paz inimagináveis. A melhor confissão é a que faz a si mesmo. Seu Pai, que está no seu íntimo, o abraça e beija o seu coração. Com certeza.

Quinta: solidariedade

Diante de um mundo visto como egoísta e voltado apenas para os próprios interesses, causou bela surpresa ver o espírito de solidariedade desencadeado pela tragédia da Kiss. Muitos se salvaram da fumaça mortífera graças aos esforços de outros jovens que arriscaram a vida para socorrer os que caíam desmaiados. Não poucos deram a vida nesse afã de anjos salvadores. Surgiram multidões dispostas a ajudar espontaneamente, de qualquer forma, seja doando sangue, levando lanche aos que não se desgrudavam dos seus mortos, distribuindo água a todos indistintamente, oferecendo préstimos como médicos, psicólogos, psiquiatras, psicanalistas.

E Santa Maria inteira se voltou às homenagens aos que partiram e ao conforto dos que choravam desconsoladamente ou esmagavam a dor no silêncio do seu coração em frangalhos.

E foram feitas caminhadas com milhares de pessoas, demonstrando solidariedade. Caminharam, de branco, como romeiros da paz e do amor, até a boate, até o Ginásio de Esportes onde jaziam os corpos, até as igrejas que tentavam levantar os ânimos nas missas, nos cultos e nas sessões espirituais.

Recebi muitos emails de brasileiros e de amigos de outros países, todos chorando junto e oferecendo preces, com desejos de que os sobreviventes e seus familiares sobrepujassem tamanha desgraça.

No sétimo dia, continuaram manifestações de solidariedade.

Permaneci diante da Kiss até as duas e meia da madrugada. Havia lá uma multidão em respeitoso silêncio, deixando apenas que o coração conversasse com o coração daqueles que não conseguiram ultrapassar, com vida, aquela porta, agora repleta de flores, fotografias e cartazes. As televisões filmavam aqueles momentos, espalhando bons sentimentos para o mundo.

Diante de tudo que acontecia, reafirmei minha convicção de que o mundo é bom, os seres humanos são realmente humanos e generosos, e as pessoas têm coração compadecido.

Quando se vê nas televisões e jornais e rádios, tanta violência, desrespeito à vida, assassinatos por qualquer coisa, explorações indecorosas, a muitos parece que a humanidade está perdida. Não se dão conta de que a maldade é noticiada exatamente por ser raridade e, portanto, atrai a atenção para as audiências da mídia.

Os bons samaritanos de Santa Maria poderiam fazer o escritor, filólogo, jurista, político e orador Rui Barbosa apagar sua frase candente: "De tanto ver triunfar as nulidades; de tanto ver prosperar a desonra, de tanto ver crescer a injustiça; de tanto ver agigantarem-se os poderes nas mãos dos maus, o homem chega a desanimar-se da virtude, a rir-se da honra e a ter vergonha de ser honesto".

A tudo isto se sobrepõe a palavra do Mestre: "Amai-vos uns aos outros".

Foi o que ensinou a tragédia da Kiss.

Sexta: o milagre

Duzentos e quarenta e um jovens produziram um milagre: arrancar o homem do submundo material e fazê-lo olhar para o Alto.

Aqueles jovens estão lembrando Jesus: "Nem só de pão vive o homem".

Não só de matéria, dinheiro, fortuna, é feita a vida, mas também de alegrias, de amor, de fraternidade, de sorrisos, de generosidade.

Não só de rua, de bares, de cervejinhas entre amigos, mas também de encontros familiares, de carinhos para com os pais e dos pais para com os filhos.

Duzentos e quarenta e um jovens mandando luz para o mundo pelo milagre do sentimento: um pedido de fim às guerras, às mortandades, aos conflitos de religiões, que todos somos irmãos vivendo na mesma casa.

Sim, milagre existe. Duzentos e quarenta e um jovens informam que existe.

Sétima: uma ilusão chamada morte

Milhares de pessoas choram a morte dos 241 jovens sacrificados na Boate Kiss de Santa Maria, em janeiro de 2013.

Mas, surge uma questão crucial: existe morte? Não entra em causa os minerais, vegetais e animais. A pergunta tem como alvo a criatura humana.

Existe morte?

Posso afirmar-lhe com toda certeza que, desde que o homem é homem, ele celebra a outra vida. Os egípcios preparavam a viagem para o Além, desenhando nas paredes da câmara mortuária tudo que era necessário para a longa viagem.

Jesus falou em viver eternamente.

As religiões têm certeza da outra vida.

E eu lhe digo que a morte não existe. A vida é seu espírito e o espírito, pela sua própria natureza, nunca morre, não pode morrer. Significa que você, sem deixar de viver, aportará na outra dimensão.

A morte é uma ilusão entre duas dimensões da mesma vida.

Antes da vida, durante a vida, depois da vida – sempre a Vida. Essa é a mais confortadora notícia.

Você não morre, que maravilha!

O que tem na maleta?

Eu li essa parábola na internet, mas não anotei o nome do autor. Talvez até seja patrimônio denominado Autor Desconhecido.

A história conta o seguinte:

"Um homem morreu.

Ao se dar conta, viu que Deus se aproximava e tinha uma maleta com Ele.

E Deus disse:

- Bem, filho, hora de irmos.

O homem, assombrado, perguntou:

- Já? Tão rápido? Eu tinha muitos planos...

- Sinto muito, mas é o momento de sua partida.

- O que tem na maleta? - Perguntou o homem.

E Deus respondeu:

- Os seus pertences!

- Meus pertences? Minhas coisas, minha roupa, meu dinheiro?

Deus respondeu:

- Esses nunca foram seus, eram da terra.

- Então, são as minhas recordações?

- Elas nunca foram suas, elas eram do tempo.

- Meus talentos?

- Esses não pertenciam a você, eram das circunstâncias.

- Então, são meus amigos, meus familiares?

- Sinto muito, eles nunca pertenceram a você, eles eram do caminho.

- Minha mulher e meus filhos?

- Eles nunca lhe pertenceram, eram de seu coração.

- É o meu corpo?

- Nunca foi seu, ele era do pó.

- Então, é a minha alma.

- Não! Essa é minha.

Então, o homem, cheio de medo, tomou a maleta de Deus e, ao abri-la, se deu conta de que estava vazia...

Com uma lágrima de desamparo brotando em seus olhos, o homem disse:

- Nunca tive nada?

- É assim, cada um dos momentos que você viveu foram seus.

A vida é só um momento... Um momento só seu! Por isso, enquanto estiver no tempo, desfrute-o em sua totalidade".

Será que você entendeu? Você veio de mãos vazias e volta de mãos vazias. Desfrute ao máximo seus dias. Aproveite, que, daqui, nada levará.

Uma coisa é certa: a chamada morte é o início de um novo estágio evolutivo, por isso é sempre muito melhor do que o melhor aqui da terra.

Há um texto atribuído a Santo Agostinho bastante divulgado. Não tenho nenhuma forma de comprovar a origem, mas deixo-lhe aqui por ser interessante:

"A morte não é nada. Eu somente passei para o outro lado do caminho. Eu sou eu, vocês são vocês. O que eu era para vocês, eu continuarei sendo. Deem-me o nome que vocês sempre me deram. Vocês continuam vivendo no mundo das criaturas, eu estou vivendo no mundo do Criador. Não utilizem um tom solene ou triste; continuem a rir daquilo que nos fazia rir juntos. Rezem, sorriem, pensem em mim, rezem por mim. Que meu nome seja pronunciado como sempre foi, sem ênfase de nenhum tipo. Sem nenhum traço de sombra. A vida significa tudo que ela sempre significou, o fio não foi cortado. Por que eu estaria fora de suas vistas? Eu não estou, apenas estou do outro lado do caminho".

A maneira de partir é sempre diferente, pode ser até um incêndio de boate, mas o destino é um só.

Para descontrair, veja o que escreveu o cineasta e escritor espirituoso Wood Allen: "Não é que eu tenha medo de morrer. É que eu não quero estar lá na hora que isso acontecer".

Então viva a vida

Só podia encerrar essas palavras carinhosas dizendo a você, que ainda se queda traumatizado, o olhar vago no horizonte, preso a um luto persistente, inerte e consumido por uma tristeza tão escura como a fumaça da Kiss,

que compreendo sua dor,

mas reviver é preciso.

Meu amigo, minha amiga, só existe um caminho: para frente.

Só existe uma forma de viver a vida: sendo feliz.

Sorria. Está na hora. A vida está sorrindo para você. Não basta apenas tirar fotografia da vida e ir embora. Nada disso. Sorria você também para a vida. Por que não? É mais fácil você melhorar seu dia com um sorriso do que com uma dose de remédio.

O sorriso singelo é cristalino como a gota de orvalho e lindo como o sol do amanhecer.

Sorria. Mesmo entre lágrimas. Seu sorriso informa ao mundo que a porta do seu coração está aberta. Eu, seus familiares, Santa Maria e o mundo inteiro bateremos palmas ao seu sorriso.

Acredite que seu sorriso é uma porta para o céu. Não aquele lá de cima, mas o céu desta vida. A porta tinha se fechado pela dor e pela desgraça, e o seu sorriso comete o milagre de abrir a porta do seu céu interior.

Eu celebro com você esse milagre do seu coração.

E recrie seus sonhos

Agora consulte o seu coração e pergunte onde ficaram os sonhos doirados que iluminavam sua vida antes do 27 de janeiro de 2013. Seu coração, por seu turno, consultará a sua mente e esta, que tem tudo registrado, lhe informa tim-tim por tim-tim, detalhe por detalhe.

Nesse momento, seu coração esquece o fogo da Kiss e põe o fogo do entusiasmo nos seus sonhos.

No início de fevereiro, o jornal Zero Hora, de Porto Alegre, me pediu uma frase de ânimo diante da tragédia que consternou o Brasil. Entreguei-lhes esta mensagem:

"Alimento a esperança de que o sacrifício da juventude há de ser a semente de uma nova humanidade. Acredito que a dor há de iluminar o amor. Então, é hora de levantar a cabeça, olhar para o Alto e seguir em frente, que o caminho precisa ser caminhado".

Sim, o caminho precisa ser caminhado.

Dias atrás, minha afilhada Aline mandou-me uma frase que seria de Monteiro Lobato:

"Loucura? Sonho? Tudo é loucura ou sonho no começo. Nada do que o homem fez no mundo teve início de outra maneira, mas tantos sonhos se realizaram que não temos o direito de duvidar de nenhum".

Por favor, não duvide de suas forças interiores. Chame-as e elas estarão a seu dispor. Verá que nada é loucura, que sonho não é utopia, mas a mais legítima verdade do seu ser.

Chame por seus sonhos e eles dominarão, pela força da fé, os resquícios sofridos do passado.

Se você ainda se mostra atordoado e renitente, lembro-lhe que sofrer o passado é sofrer duas vezes. Acredite que essa tragédia foi a maior e melhor escola da sua vida. Então, aproveite os ensinamentos e arranque para o sucesso, para a amor, para a alegria e para a prosperidade. Esse é seu destino.

E seja feliz. Não abdique desse direito, já que ele é a essência do seu ser. Mesmo em meio à fumaça, a felicidade não o abandona. Quando você compreender essa verdade, terá certeza de que Deus, mais do que Criador, é Pai.

Invoque sua felicidade. Não, não vá buscar fora, invoque-a em si mesmo. Exija de si mesmo. Faça-a tornar-se sua essência.

E assim é e assim será.

Beijos no coração!
Lauro

O fato

Na noite de 26 de janeiro de 2013, as Faculdades de Veterinária e Agronomia, da Universidade Federal de Santa Maria, promoveram uma festa-baile na Boate Kiss da cidade. O convite se estendeu a todas as pessoas, principalmente à classe estudantil.

Por volta das duas horas da madrugada, pisou o palco uma segunda banda, esta ligada na música gaúcha. Era o grupo Gurizada Fandangueira. Eles costumavam animar sua presença no palco com fogos de artifício e sinalizadores. Ao soltarem um sinalizador, este atingiu o teto e iniciou um fogo, que, de início, pareceu parte do espetáculo. Quando o fogo se alastrou, um rapaz da banda pegou o extintor de incêndio, mas não funcionou, nem mesmo quando um funcionário tentou usá-lo. O público mais perto do palco tratou de ir embora, mas, na portaria, nada sabiam do acidente, e queriam o pagamento da comanda.

Logo, porém, avisados do incêndio, liberaram a saída. Infelizmente havia só uma saída que era a mesma porta da entrada, com bloqueios para organizar as pessoas em unidades a fim de facilitar a cobrança. Falam em cerca de 1.000 pessoas na boate, cuja carga maior aprovada pela Fiscalização seria de 691. Como o teto era formado de espuma, para que o som não perturbasse a vizinhança, no momento em que o fogo atingiu a espuma formou-se de imediato uma grossa fumaça preta, composto de cianeto e gás carbônico. Com duas ou três respiradas, a pessoa perdia as forças e desmaiava, morrendo em poucos instantes caso não houvesse um braço salvador. Para piorar a tragédia, muitos correram para a porta dos banheiros pensando que fosse o ponto de saída, já que a escuridão dominava o ambiente. Foram entrando aos montes no banheiro, ninguém conseguindo sair, e a fumaça sufocando. Os corpos foram se empilhando a ponto de atingir mais de metro de altura, um horror. Morreram 241 jovens. A comoção aterrorizou Santa Maria, abalou o Brasil, e essa onda de espanto e consternação correu o mundo. O planeta vestiu luto solidário.

ÍNDICE